5

Learning Therapy

학생용 워크북

학습치료 프로그램

사고력 향상 전략

최정원 · 이영호 공저

학지사

머리말

좋은 학업 성취를 위해서는 평균 이상의 지능, 학습능력, 공부에 필요한 구체적인 인지적 기술을 적절히 갖추고 있어야 한다. 이와 아울러 학습에 대한 긍정적인 생각과 태도, 목표의식, 동기 수준, 안정감, 자기 조절, 좌절을 견디는 힘, 노력과 끈기, 유연하고 창의적인 사고 및 자율성 등의 심리적 특성도 매우 중요하다.

예컨대, 지능이 우수하다고 할지라도 학습 동기가 부족하다면 결과적으로 좋은 성적을 거두기 어렵다. 또한, 지능과 학습 동기는 충분하지만 시험불안이 높은 경우와 학교, 또래관계 및 가족관계 등에서 스트레스와 심리적 불편감이 심한 경우에는 학습능률이 저하되며, 따라서 능력 발휘의 기회는 제한될 수밖에 없다.

학습치료 프로그램의 목표는 이와 같이 학업 성취에 영향을 미치는 다양한 원인들 간의 복합적인 관계를 파악하고 교정하여, 학업성취도를 향상시킬 수 있도록 하는 것이다. 이 프로그램은 총 12개 영역으로 구성되어 있으며, 그 내용은 다음과 같다.

1. 학습동기 향상 전략
2. 주의집중력 향상 전략
3. 기억력 향상 전략
4. 효과적인 읽기 및 필기 전략
5. 사고력 향상 전략
6. 효과적인 외국어 학습 전략 : 영어
7. 수학적 문제해결 전략
8. 기초학습능력 향상 전략
9. 시험불안 다루기 전략
10. 시험 전략
11. 효과적인 시간 및 공간 관리 전략
12. 학업 스트레스 관리 전략

21세기는 상상력과 창의성의 시대라고 해도 과언이 아니다. 교과 공부를 성공적으로 수행해 나가기 위해서, 갈등을 성공적으로 해결해 나가기 위해서, 창의적인 잠재력을 발휘하기 위해서 사고력에 집중한 교육은 절실하다. 또한 사고력은 지능과도 관련되어 있으며, 성격, 감정 등과도 밀접히 관련되어 있다. 지능이 높다고 할지라고 감정의 문제가 두드러지는 경우에는 학교에서 배우는 교과 내용을 이해하고 문제를 해결해 나가는 것은 물론, 또래관계에서 생겨나는 갈등을 다루어 나가는 데 있어서도 무력해질 수 있다. 성격이 지나치게 완고하거나 자기중심적일 때에는 다양한 상황에서 유연하게 사고하고 탄력적으로 대응하는 데 어려움이 있다. 따라서 사고력을 향상시키기 위해서는 한 사람의 성격과 감정에 대한 통합적인 이해가 필요하다.

본서의 사고력 향상 전략은 기본적인 인지 활동과 고등 정신 과정을 모두 포괄하는 개념으로서의 사고력을 향상시키는 것을 목표로 하며, 창의적, 비판적, 논리적 사고 증진 활동을 세부 내용으로 포함하고 있다. 크게 세 가지 주요 내용들이 다루어지며, 그중 창의적, 논리적, 비판적 사고를 증진시키기 위한 전략으로 PMI(Plus Minus Interesting), 여섯 개의 생각하는 모자, 일곱 개의 생각의 고리, 아홉 가지 비판적 사고 활동 및 속담을 통한 언어적 추론 활동 등이 있다. PMI는 갈등 상황에서 의사결정을 할 때 활용하는 기법이며, 여섯 개의 생각하는 모자는 자신과 타인의 욕구에 민감하고, 생각이나 의견의 차이를 수용하며, 다양한 시각에서 폭넓게 사고할 수 있도록 돕는 활동이다. 아홉 가지 비판적 사고 활동 및 속담을 통한 언어적 추론 활동은 논리적 사고와 논술능력을 향상시키는 데 도움을 줄 수 있다.

2006년 7월

저자대표 최 정 원

e-mail: wise-mind@hanmail.net

차례

사고력 향상 전략

1. 사고력의 개념 이해

2. 창의적 · 논리적 · 비판적 사고를 증진시키기 위한 전략

3. 언어적 추론능력 향상

학생용 워크북

학습치료 프로그램

사고력 향상 전략

1. 사고력의 개념 이해
2. 창의적 · 논리적 · 비판적 사고를 증진시키기 위한 전략
3. 언어적 추론능력 향상

사고력 향상 전략 프로그램의 내용 및 세부 활동

<table>
<tr><th>프로그램의 내용</th><th colspan="2">세부 활동</th></tr>
<tr><td rowspan="4">사고력의 개념 이해</td><td colspan="2">사고력이란?</td></tr>
<tr><td>창의적 · 비판적 사고의 개념과 특성 알기</td><td>• 창의적 사고와 특성
• 나의 창의성 지수는?
• 비판적 사고와 특성
• 나의 비판적 성향 지수는?</td></tr>
<tr><td colspan="2">창의적 · 비판적 사고를 일깨우기 위한 지침</td></tr>
<tr><td colspan="2">사고력의 바탕이 되는 핵심적 사고 기능</td></tr>
<tr><td rowspan="4">창의적·논리적·비판적 사고를 증진시키기 위한 전략</td><td>PMI</td><td>• PMI란?
• PMI 연습
• PMI 실습</td></tr>
<tr><td>여섯 개의 생각하는 모자</td><td>• 여섯 개의 생각하는 모자란?
• 생각하는 모자 질문법
• 생각하는 모자 실습
• 내 삶의 고민</td></tr>
<tr><td>일곱 개의 생각의 고리</td><td>• 일곱 개의 생각의 고리란?
• 일곱 개의 생각의 고리 실습</td></tr>
<tr><td>critical thinking</td><td>• 비판적 성향을 자극하기
• 비판적 사고를 자극하기
• 비판적 사고 실습</td></tr>
<tr><td rowspan="2">언어적 추론능력 향상</td><td colspan="2">70가지 속담 추론</td></tr>
<tr><td colspan="2">속담 추론 실습</td></tr>
</table>

1. 사고력의 개념 이해

1) 사고력이란?

- 사고력은 '생각하는 힘' 또는 '생각하는 능력' 입니다.
- 사고력은 문제 상황에서 이를 해결하기 위한 지적 활동입니다.
- 사고력은 어떤 확신이나 지식을 입증하고, 결론을 진지하고 적극적으로 추구하는 행동입니다.
- 사고력에는 크게 창의적 사고와 비판적 사고가 있습니다.
- 모든 사고력은 우리의 삶에서 부딪히는 문제에 현명하고 합리적으로 대처할 수 있도록 돕습니다. 또한 여러분이 공부를 효과적으로 하는 데에도 큰 도움을 줍니다.

2) 창의적 · 비판적 사고의 개념과 특성 알기

(1) 창의적 사고와 특성

창의적 사고는 독창적이면서도 새롭고 적절한 것을 만들어 내는 능력입니다.
창의적 사고의 특성은 다음과 같습니다.

- 불확실함과 모호함을 잘 참고 견뎌 낸다.
- 새로운 경험에 개방되어 있다.
- 기꺼이 모험을 감수한다. 즉, 실패를 두려워하지 않는다.
- 자기 자신에 대한 확신이 있다.

■ 창의적 사고 성향의 하위 요소는 다음과 같습니다.

- 민감성
- 자발성
- 독자성
- 근면성
- 호기심
- 개방성

(2) 나의 창의성 지수는?

다음은 KEDI(한국교육개발원)에서 제시한 창의적 사고의 하위 요소에 기초한 자기평가용 창의성 질문지입니다. 자신의 창의성 지수를 평가해 보세요.

내 용	그렇지 않다	약간 그렇다	보통 이다	거의 그렇다	매우 그렇다
주변 환경에 대해서 예민한 관심을 보이고 이를 통해 새로운 탐색 영역을 넓혀 나가고자 한다.	1	2	3	4	5
문제 상황에서 아이디어를 자발적으로 생각해 낸다.	1	2	3	4	5
주변의 평가나 인정에 구애받지 않고 자율적으로 생각하고 판단한다.	1	2	3	4	5
문제를 해결하기 위해 가능한 한 많은 정보를 찾는다.	1	2	3	4	5
문제 상황에서 끈질긴 열정과 노력으로 그것을 해결해 나가려고 노력한다.	1	2	3	4	5
주변의 현상에 대해 많은 호기심을 갖고 탐색한다.	1	2	3	4	5
새로운 변화에 개방되어 있다.	1	2	3	4	5
변화에 수동적으로 끌려가는 게 아니라 나도 주체가 되어야 한다고 생각한다.	1	2	3	4	5

나의 창의성 지수는 ______________________

※ 본 질문지는 창의성에 대한 개념 이해를 돕기 위한 것이며, 창의성을 객관적으로 평가하는 도구는 아닙니다.

(3) 비판적 사고와 특성

비판적 사고는 어떤 신념과 행동에 대한 합리적이고도 반성적인 사고입니다. 비판적 사고는 객관적이고 논리적인 사고로서 남의 주장이나 행위의 약점을 들춰 내거나, 자기중심적으로 해석하거나, 자신의 이익을 위해 어떤 의견을 일방적으로 옹호하는 등 감정과 궤변에 의한 주관적 평가가 아닙니다.

비판적 사고 성향의 요소는 다음과 같습니다.

- 지적 겸손
- 지적 용기
- 지적 감정이입
- 지적 통합성
- 지적 인내심
- 합리성
- 정의로움

비판적 사고 성향에 대해서는 'critical thinking'에서 자세히 다룰 것입니다.

(4) 나의 비판적 성향 지수는?

다음은 Paul의 비판적 사고 성향에 기초한 자기평가용 질문지입니다. 자신의 비판적 성향 지수를 평가해 보세요.

내 용	그렇지 않다	약간 그렇다	보통이다	거의 그렇다	매우 그렇다
인간으로서 갖는 자기중심성과 지적 한계를 인정한다.	1	2	3	4	5
다양한 의견, 신념 및 관점에 정당하게 대응하고 평가하려고 한다.	1	2	3	4	5
타인을 제대로 이해하기 위해 그들의 입장이 되어 보려고 한다.	1	2	3	4	5
판단에 거짓됨이 없으려 하고 일관성을 유지하려고 노력한다.	1	2	3	4	5
판단의 기준을 나와 타인에게 공평하게 적용하려고 한다.	1	2	3	4	5
난관이나 좌절에도 불구하고 지적인 통찰과 진리를 추구하려고 한다.	1	2	3	4	5
합리성이 나와 타인에게 모두 이익이 된다고 생각한다.	1	2	3	4	5
개인적인 이익이 아니라 정의가 판단의 기준이 되어야 한다고 생각한다.	1	2	3	4	5

나의 비판적 성향 지수는 ________________

※ 본 질문지는 비판적 사고에 대한 가념 이해를 돕기 위한 것이며, 비판적 사고와 성향을 객관적으로 평가하는 도구는 아닙니다.

3) 창의적 · 비판적 사고를 일깨우기 위한 지침

■ 관심을 갖고 집중하기

독창적으로 되기 위해서는 주변 세계에 먼저 관심을 갖고 주의를 집중하세요.

■ 독창적으로 생각하기

새롭고, 참신하며, 파격적인 것을 생각하세요.

■ 자료를 찾기

하나의 독창적인 이론이나 설명을 만들기 위해서는 이미 발생된 주변 세계에 대해 이해해야 합니다. 그러고 난 후에 새로운 질문을 던지세요.

■ 분류하기, 새로운 분류 체계를 만들기

새로운 발견은 잘 정리되어야 하고, 또 체계를 갖추어야 하며, 기존의 설명과 차별화되어야 합니다.

■ 설명하기

새로운 발견과 생각은 여러분 자신과 다른 사람을 설득시킬 수 있어야 합니다. 즉, 합리성과 논리를 갖추고 있어야 합니다.

■ 필요하다면 정칙을 거부하기

나름대로의 이유와 그것의 결과를 준비하며, 정해진 규칙에 의문을 제기해 보세요. 스스로의 힘으로 무언가를 발견하기 위해 자율적이고 비판적으로 사고해 보세요.

■ 기존의 선례를 무조건 받아들이기 전에 '왜'라고 묻기

권위는 복잡한 주제에 대해 간단한 답이 있다고 믿게 만듭니다. 선례를 무조건적으로 받아들이기보다는 왜 그래야 하는지 질문해 보세요. 그것이 의미가 없거나 헛된 것이어서가 아니라, 표준적인 대답이 항상 옳은 것은 아닐 수도 있기 때문입니다.

■ **마음으로 하여금 방랑을 할 수 있도록 해 주기**

관심과 흥미 있는 것이 있다면 그것에 대해 자유롭게 생각하는 시간을 가지세요.

■ **실패를 두려워하지 말고 도전하기**

실패는 매우 가치가 있습니다. 우리는 그것으로부터 많은 것을 배울 수 있기 때문입니다. 모험심을 가지고 도전하세요. 독창성을 지니길 원한다면 실패를 두려워하지 마세요.

4) 사고력의 바탕이 되는 핵심적 사고 기능

■ **초점 맞추기**(focusing skills)

중요한 문제나 목표에 선택적으로 주의를 기울이는 기능입니다.

① 문제를 정의하기

② 목표를 설정하기

■ **정보 수집**(information gathering skills)

인지 과정에 이용될 내용을 수집하는 데 사용되는 기능입니다.

① 관찰하기

② 질문 만들기

■ **기억 기능**(remembering skills)

각종 사실, 개념, 원리 등에 대한 지식, 정보를 기억하는 기능입니다.

① 부호화하기

② 회상하기

■ **조직화 기능**(organizing skills)

정보를 관련시키거나 의미 있는 단위로 묶는 기능입니다.

① 비교하기

② 분류하기

③ 순서화하기

④ 표상하기

■ **분석 기능**(analyzing skills)

부분과 관계를 면밀히 조사함으로써 기존의 정보를 명료화하는 데 사용되는 기능입니다.

① 속성과 구성요소 식별하기

② 관계와 양상 식별하기

③ 주제 식별하기

④ 오류 식별하기

■ **산출 기능**(generating skills)

선행 지식과 새로운 아이디어를 연결짓는 것으로서, 새로운 정보와 기존 정보를 결합하여 일관성 있는 아이디어의 조직을 형성하는 기능입니다.

① 추론하기

② 예언하기

③ 정교화하기

■ **통합 기능**(integrating skills)

사물, 개념 등을 함께 종합하고 묶는 기능입니다.

① 요약하기

② 재구성하기

■ **평가 기능**(evaluating skills)

아이디어의 적절성과 질(質)을 평가하는 기능입니다.

① 준거 설정하기

② 검증하기

앞으로 몇 가지 사고력 전략 프로그램을 통해 핵심적 사고 기능을 키우는 연습을 할 것입니다. 이 책에서 다뤄지고 있는 다른 학습 전략 프로그램들도 모두 사고력과 관련되어 있다는 것을 기억하세요.

2. 창의적 · 논리적 · 비판적 사고를 증진시키기 위한 전략

1) PMI

(1) PMI란?

PMI(Plus-Minus-Interesting)는 de Bono에 의해 개발된 창의력 향상 기법으로 어떤 문제 상황의 긍정적인 측면(+)과 부정적인 측면(−)을 모두 고려하여 최적의 아이디어를 개발하거나 선택하는 것을 말합니다.

PMI 양식

나의 아이디어, 문제, 선택 상황 A		나의 아이디어, 문제, 선택 상황 B	
+	—	+	—

최종 결론 : ______________________________

(2) PMI 연습

다음이 자신에게 주어진 상황이라고 가정하고 PMI를 연습해 보세요.

겨울 방학 아르바이트

[이웃집 동생 공부 가르치기]

시간 : 일주일에 3일, 1시간 30분씩(월, 수, 금 오전 9시부터 10시 30분까지)

내용 : 동화책 읽기, 일기쓰기, 덧셈, 뺄셈 가르치기

보수 : 주당 1만 5천 원

기타 : 9시에 하는 좋아하는 TV 프로그램을 못 보는 대신 과외를 마친 후에는 내가 좋아하는 활동(친구 만나기, 컴퓨터 게임, 인터넷, 농구 등)을 일정시간 할 수 있다.

[패스트푸드 음식점 보조]

시간 : 일주일에 4일, 3시간씩 근무(월, 화, 금, 토 오전 10시부터 1시 30분까지)

내용 : 주방 보조, 테이블 정리, 주문받기 등

보수 : 주당 3만 원

기타 : 친한 친구랑 함께 일할 수 있고, 점심 식사로 좋아하는 패스트푸드를 먹을 수 있다. 1주일에 한 번 대청소를 해야 한다.

PMI

이웃집 동생 공부 가르치기		패스트푸드 음식점 보조	
+	−	+	−

나의 결론은? : ____________________

(3) PMI 실습

최근 학교, 가정, 친구관계에서 겪고 있는 문제 상황이나 고민에 대해서 PMI를 적용해 보세요.

내가 겪고 있는 문제 상황이나 고민

PMI

+	—	+	—

나의 결론은? : ____________________

2) 여섯 개의 생각하는 모자

(1) 여섯 개의 생각하는 모자(six thinking hat)란?

줄임말로 육각모(STH)는 역시 de Bono에 의해 개발된 창의력 향상 기법입니다. 각각의 모자는 여러 종류의 사고의 형태를 대표해 주는 것으로서 요약하면 다음과 같습니다.

- **하얀 모자** : 중립적이고 객관적인 사실, 자료, 정보에 기초한 사고
- **빨강 모자** : 감정, 느낌, 육감, 직관에 기초한 사고
- **노랑 모자** : 낙관적, 긍정적, 건설적인 측면에 집중한 사고
- **초록 모자** : 여러 가지 아이디어 산출과 관련된 확산적, 창조적 사고
- **검정 모자** : 아이디어에 대한 반론, 왜 무엇이 되고 안 되는지 등을 논리적, 현실적으로 검토 및 비판하는 사고
- **파랑 모자** : 전체적인 검토, 요약, 평가 및 결론을 이끌어 내는 사고

여섯 개의 모자로 대표되는 각각의 사고들은 무엇이 더 좋다, 나쁘다로 이야기할 수 있는 것들이 아닙니다. 왜냐하면 모두 나름의 고유한 가치를 지니고 있기 때문입니다. 다양한 사고들을 문제와 상황에 맞게 어떻게 유연하게 활용하느냐 하는 것이 사고력을 향상시키기 위한 관건이라 할 수 있습니다.

이제 각각의 모자와 그것과 관련된 고유한 사고 활동을 활성화시켜 보는 연습을 해 보겠습니다.

(2) 생각하는 모자 질문법

하얀 모자

- 결정을 하는 데 있어서 도움이 될 수 있는 사실은 무엇인가?
- 어떻게 그것을 구할 수 있을까? (어디서, 누구로부터, 어떻게)

빨강 모자

- 내가 정말로 어떻게 느끼는가? 기분대로 한다면?
- 나의 소망과 욕구는?

노랑 모자

- 있을 수 있는 이득과 좋은 점들은?
- 그중 최선이라고 생각하는 것은?

초록 모자

- 내가 할 수 있는 새롭고, 신선하며, 혁신적인 접근은 무엇일까?
- 새로운 방식으로 문제를 바라볼 수 있도록 돕는 독창적인 아이디어는 무엇일까?

검정 모자

- 있음직한 모든 위험과 문제들은 무엇일까?
- 현실적인 한계는?
- 가장 최악의 경우는 어떻게 될까?

파랑 모자

- 모든 생각들을 종합적으로 검토하면?
- 가장 최선의 선택은?

(3) 생각하는 모자 실습

준호의 고민

준호는 외동이로 중학교 2학년성이며, 체력이 약하고 몸집도 보통의 아이들보다 다소 작은 편이지만, 학급에서 1, 2등을 다투는 우등생입니다. 어린 시절부터 공부를 잘하여 어른들로부터 많은 칭찬을 받으며 자랐습니다. 그런데 준호에게 몇 가지 아쉬운 점이 있다면, 지나치게 자기중심적이고 친구들과 잘 어울리지 못한다는 것입니다. 그리고 지는 것을 매우 싫어하고, 친구들에게 양보하는 일이 드물며, 어른들로부터도 꾸중을 듣는 것을 못견뎌합니다. 부모님들은 이런 점들에 대해 걱정하며, 성격 개선이나 학교에서 친구들과 잘 어울릴 수 있게 되기를 바라십니다. 다행히 준호가 다니는 학교는 학과 교육 외에도 인성 및 사회성 교육에 힘쓰고, 여러 가지 집단 활동을 정규적으로 하고 있으며, 소집단 모임도 매우 활성화되어 있는 곳입니다. 하지만 최근 몇 달간 준호는 '검정고시'에 대해 생각해 왔다며, 부모님께 자퇴서를 내고 싶다고 말하고 있습니다. 준호는 교육 기간이 단축될 수 있다는 등의 나름대로 이유를 들어 자기 생각이 관철되기를 바라고 있지만, 때로는 자기 생각에 확신을 갖지 못해 갈등하고 있습니다. 부모님 역시 무엇을 어떻게 하면 좋을지 고민하고 계십니다.

이제 준호의 고민에 대해서 여섯 개의 사고를 연습해 보겠습니다. 여러분은 준호의 입장이 되어도 좋고 부모님, 선생님이나 친구의 입장이 되어도 좋습니다.

〈하얀 모자〉

사고의 특징

- 중립적이고 객관적인 사실, 자료, 정보에 기초한 사고

질문법

- 결정을 하는 데 있어서 도움이 될 수 있는 사실은 무엇인가?
- 어떻게 그것을 구할 수 있을까? (어디서, 누구로부터, 어떻게)

사고의 예

(부모 입장)

- 근래 학교 내 또래관계 문제가 날로 심각해지고 있다.
- 따라서 몇 가지 취약성을 지닌 경우 또래관계에서 스트레스가 높을 수 있다.
- 우리나라는 학교 내에서 이를 체계적으로 다룰 수 있는 제도적 장치나 정규 교육 과정을 대치할 만한 검증된 대안적 교육 시스템이 부족하다.
- 최근 국내에서 시행되고 있는 'OO 대안학교'는 아직 시험 단계라고 할 수 있다.

하얀 모자에 기초한 자신의 아이디어를 말해 보세요.

-
-
-

〈빨강 모자〉

사고의 특징

- 감정, 느낌, 육감, 직관에 기초한 사고

질문법

- 내가 정말로 어떻게 느끼는가? 기분대로 한다면?
- 나의 소망과 욕구는?

사고의 예

(준호 입장)

- 기분대로라면 학교를 그만두고 싶다. 애들과 부딪치면서 괜히 스트레스 받을 필요 뭐 있나?
- 스트레스를 안고 사는 것보다는 편안하게 웰빙하는 게 더 낫다고 생각한다.
- 하지만 나도 대학에 갈 것이다. 그리고 대학 교수가 되고 싶다. 검정고시가 그 꿈을 이루는 데 도움이 될까?

빨강 모자에 기초한 자신의 아이디어를 말해 보세요.

-
-
-

〈노랑 모자〉

사고의 특징

- 낙관적, 긍정적, 건설적 측면에 집중한 사고

질문법

- 그 아이디어의 모든 이득과 좋은 점들은?
- 그 아이디어를 선택할 때의 최선의 결과는?

사고의 예

(준호 입장)

- 검정고시를 보게 되면, 고등학교 과정 최소 1년은 단축해서 대학에 일찍 들어갈 수 있을 것이다.
- 학교를 그만두면 스트레스로부터 해방되어 공부가 더 잘될 것 같다.
- 힘들지만, 버텨 낸다면 사회성도 향상되고 어려움을 이겨 내는 힘도 커져 진정한 성장이 이루어질 수 있을 것이다.

노랑 모자에 기초한 자신의 아이디어를 말해 보세요.

-
-
-

〈초록 모자〉

사고의 특징

- 여러 가지 아이디어 산출과 관련된 확산적, 창조적 사고

질문법

- 내가 할 수 있는 새롭고, 신선하며, 혁신적인 접근은 무엇일까?
- 새로운 방식으로 문제를 바라볼 수 있도록 돕는 독창적인 아이디어는 무엇일까?

사고의 예

(부모 입장)

- 대인관계 경험을 즐겁고 만족스럽게 만들어 줄 수 있는 방법은 없나?
- 미국으로 유학을 가는 것은 어떨까? 다양성과 개인주의적 삶이 이곳보다는 더 익숙하고 존중될 테니까.
- 준호와 같은 외동이들의 모임을 만들어 보면 어떨까?

초록 모자에 기초한 자신의 아이디어를 말해 보세요.

-
-
-

〈검정 모자〉

사고의 특징

- 아이디어에 대한 반론, 왜 무엇이 되고 안 되는지 등을 논리적, 현실적으로 검토 및 비판하는 사고

질문법

- 있음직한 모든 위험과 문제들은 무엇일까?
- 현실적인 한계는?
- 가장 최악의 경우는 어떻게 될까?

사고의 예

- 학교를 그만두게 되면 정규 교육 과정에서의 이탈을 의미한다. 마이너리티의 삶은 편견과 장애물을 피할 수 없다.
- 학교에서의 적응 실패는 사회에서의 적응 실패로 이어질 수 있다.

검정 모자에 기초한 자신의 아이디어를 말해 보세요.

-
-
-

〈파랑 모자〉

사고의 특징

- 전체적인 검토, 요약, 평가 및 결론을 이끌어 내는 사고

질문법

- 모든 생각들을 종합적으로 검토하면?
- 가장 최선의 선택은?

사고의 예

- 대학교수가 꿈인 준호에게 정규 교육 과정의 경험은 특별히 더 의미가 있으리라고 생각한다.
- 따라서 일단 학교에 계속 다니는 것을 전제로 하고, 1년간 다양한 또래관계 경험을 갖도록 한다(동호회, 캠프, 친구 교실).
- 그 이후에도 동일한 문제가 지속되면 약 6개월간 대안학교 프로그램에 참석하면서 자퇴 여부와 그 이후의 적응을 예측 및 준비한다.

파랑 모자에 기초한 자신의 아이디어를 말해 보세요.

-
-
-

(4) 내 삶의 고민

이제 자신이 겪고 있는 고민, 해결해야 할 과제, 갈등에 대해서 이야기해 볼 시간입니다.

내 삶의 고민

첫 번째는 하얀 모자입니다.

사고의 특징

- 중립적이고 객관적인 사실, 자료, 정보에 기초한 사고

질문법

- 결정을 하는 데 있어서 도움이 될 수 있는 사실은 무엇인가?
- 어떻게 그것을 구할 수 있을까?(어디서, 누구로부터, 어떻게)

하얀 모자에 기초한 자신의 아이디어를 말해 보세요.

-
-
-

두 번째는 빨강 모자입니다.

사고의 특징

- 감정, 느낌, 육감, 직관에 기초한 사고

질문법

- 내가 정말로 어떻게 느끼는가? 기분대로 한다면?
- 나의 소망과 욕구는?

빨강 모자에 기초한 자신의 아이디어를 말해 보세요.

-
-
-

세 번째는 노랑 모자입니다.

사고의 특징

- 낙관적, 긍정적, 건설적 측면에 집중한 사고

질문법

- 그 아이디어의 이득과 좋은 점들은?
- 그 아이디어를 선택할 때의 최선의 결과는?

노랑 모자에 기초한 자신의 아이디어를 말해 보세요.

-
-
-

네 번째는 초록 모자입니다.

사고의 특징

- 여러 가지 아이디어 산출과 관련된 확산적, 창조적 사고

질문법

- 내가 할 수 있는 새롭고, 신선하며, 혁신적인 접근은 무엇일까?
- 새로운 방식으로 문제를 바라볼 수 있도록 돕는 독창적인 아이디어는 무엇일까?

초록 모자에 기초한 자신의 아이디어를 말해 보세요.

-
-
-

다섯 번째는 검정 모자입니다.

사고의 특징

- 아이디어에 대한 반론, 왜 두엇이 되고 안 되는지 등을 논리적, 현실적으로 검토 및 비판하는 사고

질문법

- 있음직한 모든 위험과 문제들은 무엇일까?
- 현실적인 한계는?
- 가장 최악의 경우는 어떻게 될까?

검정 모자에 기초한 자신의 아이디어를 말해 보세요.

-
-
-

여섯 번째는 파랑 모자입니다.

사고의 특징

- 전체적인 검토, 요약, 평가 및 결론을 이끌어 내는 사고

질문법

- 모든 생각들을 종합적으로 검토하면?
- 가장 최선의 선택은?

파랑 모자에 기초한 자신의 아이디어를 말해 보세요.

-
-
-

생•각•창•고

학교 교육에 관한 창의적 신념

- 나 자신을 가르칠 수 있는 것은 나 자신이다. 아무리 좋은 교육도 내가 받아들이지 않으면 소용이 없다.
- 배움은 단순히 선생님의 말씀에 귀기울이고 숙제를 하는 것만으로는 충분치 않다.
- 읽고, 해야만 하는 모든 과제가 똑같이 중요한 것은 아니다.
- 실수(때로는 웃음거리가 되는 것)는 배움과 발전을 위해 치러야 하는 대가다.
- 질문에서 중요한 것은 단순히 대답을 하는 것이 아니라 나로 하여금 사고하도록 만드는 것이다.
- 공부는 단순히 교과서나 선생님의 말씀을 되풀이하기 위해서가 아니라 스스로 사고하는 것을 배우기 위한 것이다.
- 모든 과목과 주제가 항상 흥미로운 것은 아니지만, 따분히 여기고 수동적인 태도로 있기보다는 적극적으로 참여하는 것이 이롭다.
- 실제로 배움의 과정에서 어떤 것은 잠재적으로 매우 어렵고, 좌절을 주며, 두려움조차 느끼게 할 수도 있으나, 그 어떤 것도 쓸모 없고 주어지는 대가가 없는 일은 없다.
- 학업에서 얼마나 좋은 성과를 거두느냐는 나의 학습 태도, 학습 방법 및 성실성 등을 반영해 주는 것이지 나의 능력을 반영해 주는 것은 아니다.
- 만약 성적 혹은 누군가로부터의 인정과 칭찬을 위해서만 공부를 한다면, 나 자신의 자긍심과 스스로에 대한 통제력을 높이는 것으로부터 오는 만족감을 경험할 수 없다.
- 학교 공부는 하나의 게임과 같다. 그러나 그것은 매우 중요하고 가치가 있어 해 볼 만한 게임이다.

3) 일곱 개의 생각의 고리

(1) 일곱 개의 생각의 고리란?

'일곱 개의 생각 고리'는 앞에서 언급한 핵심적 사고 기능, 과학적, 논리적 사고와 밀접히 관련이 있으며, 문제해결력, 의사결정력 및 논술능력을 키우는 데 도움을 줄 수 있습니다. 그 내용은 다음과 같습니다.

첫 번째 고리	: Ⓡ	회상하기
두 번째 고리	: △△	유사한 점 찾기
세 번째 고리	: △□	차이점 찾기
네 번째 고리	: ↵	인과관계 추론하기
다섯 번째 고리	: · · · → 💡	사례로부터 생각을 이끌어 내기
여섯 번째 고리	: 💡 → · · ·	생각으로부터 사례를 이끌어 내기
일곱 번째 고리	: ⚠	평가 내리기

이제 각각의 사고에 대해 더욱 자세히 살펴보면서 이와 관련된 사고 활동을 촉진시키는 연습을 해 보겠습니다.

(2) 일곱 개의 생각의 고리 실습

첫 번째 고리 : 회상하기

R

사고의 특징 : 사실 · 결과 · 서술

이것은 가장 간단한 사고 활동이다. 회상을 할 때 사실, 대상 또는 사건이나 그것의 결과에 대한 명칭을 떠올리거나 기술하면 된다.

예

- 다음 주에 있을 시험 일정을 떠올리기
- 지난 주에 배운 영어 단어 떠올리기

연습 활동

1 지난 한 주 동안 학교에서 있었던 중요 활동 두 가지를 적어 보세요.

2 초등학교 때 친했던 친구 이름과 선생님 이름을 적어 보세요.

3 지금까지 지내면서 기억에 남는 추억 두 가지를 적어 보세요.

두 번째 고리 : 유사점 추론

△ △

사고의 특징 : 공통성 · 유사 · 비교 · 동의

이것은 하나나 그 이상의 것들을 비교해서 서로 닮은 점, 비슷한 점 등을 찾아내는 사고 활동이다. 상황, 이론, 개념, 사람, 이야기, 사건 등이 모두 비교의 대상이 될 수 있다.

예

- 기독교와 천주교의 비슷한 점은?
- 친구와 가족 간의 유사점은?
- cm와 kg의 공통점은?

연습 활동

1 가장 친한 친구 두 명의 서로 닮은점을 비교해 보세요.

2 남자와 여자의 공통점은?

3 쇼팽과 고흐의 공통점은?

4 3월과 11월의 공통점은?

5 소나기, 보슬비, 장마의 공통점은?

6 슬픔, 기쁨, 고독의 공통점은?

7 좋아하는 것과 미움의 공통점은?

8 소설, 시 등 문학의 종류를 세 가지 이상 나열하시오.

9 분노의 동의어를 두 가지 이상 나열하시오.

10 남한과 북한의 비슷한 점을 세 가지 이상 나열하시오.

세 번째 고리 : 차이점 추론

△ □

사고의 특징 : 차이 · 대조 · 반의

이것은 하나나 그 이상의 것들을 비교해서 서로 다른점, 차이점 등을 찾아내는 사고 활동이다. 상황, 이론, 개념, 사람, 이야기, 사건 등이 모두 차이점 분석의 대상이 될 수 있다.

예

- 토론식 수업과 강의식 수업의 차이점은?
- 한글과 한자의 차이점은?
- 충동의 반의어는?

연습 활동

1 동물과 식물의 차이점은?

2 유리와 거울의 차이점은?

3 경찰과 군인의 차이점은?

4 다이아몬드와 수정의 차이점은?

5 신념과 이론의 차이점은?

6 좋아함과 사랑함의 차이점은?

7 친구와 우정의 차이점은?

8 사실과 진실의 차이점은?

9 좋아하는 과목과 싫어하는 과목에 대한 자신의 수업 태도를 비교해 보세요.

10 형용사와 부사의 차이점은?

네 번째 고리 : 인과관계 추론

사고의 특징 : 이유 · 원인 · 결과 · 추측

이것은 어떤 사실, 상황, 개념, 이야기, 사건 등의 원인과 결과를 예측하는 사고 활동이다. 자신의 생각, 판단 및 행동이 미치는 결과를 추측하는 사고 활동도 여기에 포함된다.

예

- 한 아이가 넘어진 자전거 옆에서 울고 있습니다. 어떻게 된 일일까요?
- 공공질서를 지키지 않으면 어떤 결과가 발생할까요?
- 삼권 분립 원칙의 근거는?

연습 활동

1 극장에서 소화전의 벨이 울리면 어떤 일이 발생할까요?

2 친구와의 중요한 약속을 지키지 못했습니다. 어떤 일이 벌어질까요?

3 교차로에 경찰차가 출동해 있습니다. 무슨 일이 일어난 걸까요?

4 미현이는 미술시간에 갑자기 당황하기 시작했습니다. 그 이유에 대해 추측해 보세요.

5 인터넷상에서 실명제가 거론되는 이유는 무엇일까요?

6 새로 오신 국어 선생님을 무척 좋아하게 되었습니다. 이것이 국어에 대한 여러분의 태도에 어떤 영향을 미칠 수 있을까요?

7 시험 준비를 위해 공부를 잘하는 학생의 노트를 빌렸는데, 친구들과 장난을 치다가 그만 찢고 말았습니다. 이것이 여러분께 어떤 영향을 미치게 될지 이야기해 보세요.

8 인터넷 게임에 중독되어 있던 친구가 며칠째 결석을 하고 있습니다. 이 상황의 원인과 결과에 대해 예측해 보세요.

9 '외모지상주의'의 원인과 결과에 대해 이야기해 보세요.

10 '은둔형 외톨이(히키코모리)' 문제를 일으키는 원인은 무엇인지 이야기해 보세요.

다섯 번째 고리 : 귀납적 추론
사례로부터 생각을 이끌어 내기

사고의 특징 : 일반화 · 개념화 · 분류

이것은 하나나 여러 가지 사례로부터(사실이나 사건 등) 일반적인 생각을 이끌어 내는 것이다. 사실이나 사건들을 어떤 유형으로 묶어 보는 것은 그것에 관한 일반적 사실을 이끌어 내는 것을 돕는다.

예

동생이 학교에서 따돌림을 당하고 있어 걱정하고 있습니다. 동네에 알고 지내던 친구 한 명은 학교에서 따돌림을 당하여, 급기야는 다른 학교로 전학을 가게 되었습니다. 어제는 따돌림 사건 등으로 학교에서 단체 기합을 받았습니다. 이러한 예로부터 따돌림에 대한 뭔가 적극적인 해결책이 나와야 한다는 생각을 하게 되었습니다.

연습 활동

1 다음의 사실로부터 수희에 대한 결론을 이끌어내 보세요.

- 수희는 늘 두세 명의 친구하고 조용히 지낸다.
- 수희는 발표 시간에 작은 목소리로 대답한다.
- 수희는 친구들이 칭찬을 해 주면 얼굴이 발그레해진다.

수희는 ________________________ 한 학생이다.

2 다음의 사실로부터 영수에 대한 결론을 이끌어내 보세요.

- 영수는 초등학교 때 학교 축구선수로 발탁이 된 적이 있다.
- 영수의 삼촌은 태권도 국가대표 선수다.
- 영수는 체육대회에서 늘 여러 개의 상을 휩쓴다.
- 영수는 내년에 특기자로 대학에 입학할 것이다.

영수는 ______________________ 한 학생이다.

3 자신이 좋아하는 활동들의 예를 들어 보세요. 그리고 그것을 학교 따돌림을 방지하는 해결책의 하나로 만들어 보세요.

4 자신이 좋아하는 사람들의 예를 들어 보세요. 그리고 자신이 어떤 특징을 갖고 있는 사람을 좋아하는지 결론지어 보세요.

5 우리 학교(사회)에서 일어나는 여러 가지 문제점들의 예를 들어 보세요. 그리고 그것으로부터 핵심 문제를 찾아내고, 개선되어야 할 사항을 두 가지만 결론지어 보세요.

여섯 번째 고리 : 연역적 추론
생각으로부터 사례를 이끌어 내기

사고의 특징 : 설명 · 실증 · 증명

앞의 경우와 반대되는 것으로서, 하나나 그 이상의 아이디어, 생각 및 관점을 선택한 후, 그것을 지지할 수 있는 예와 근거를 제시함으로써 그 생각이 옳거나 합당하다는 것을 입증하는 것이다.

예

지난 학기 방학 숙제에서 다음과 같은 주제로 작문을 하였습니다. '도시에서의 생활보다 시골에서의 생활이 우리의 신체적 · 정신적 건강을 지켜 준다.' 이 생각을 뒷받침하기 위해 사례를 모아야 합니다. 예컨대, 도시와 시골의 대기 오염 지수와 식수의 성분 분석, 도시와 시골 생활에서의 운동 시간 및 활동 시간 비교, 도시 아이들과 시골 아이들의 치아 건강 비교 등.

연습 활동

1 Newton의 만유인력법칙을 입증할 만한 증거를 두 가지 이상 말해 보세요.

2 '한국 사람은 머리가 좋다.'는 주장에 대한 실례를 들어 보세요.

3 '실패는 성공의 어머니'라는 말을 입증할 만한 사례를 찾아보세요.

4 사적 자유(프라이버시)를 보호해야 하는 이유를 설명해 보세요.

5 학교 교육에 대한 자신의 의견을 무엇이든 말해 보세요. 그리고 그 주장을 뒷받침할 만한 근거를 제시해 보세요.

일곱 번째 고리 : 평가하기

사고의 특징 : 가치 평가 · 판단 · 선택

어떤 준거에 따라 하나나 그 이상의 생각, 개념, 관점, 사실, 상황 등을 비교하고 평가하며 판단하는 사고 활동이다. 이를 위해서는 사실에 대한 정확한 이해, 자료 수집, 상황적 요소에 대한 고려 및 예측되는 결과뿐 아니라 개인적인 요구 및 필요성 등도 고려해야 한다.

예

이제 곧 닥칠 시험 공부를 제대로 하지 않아 고민하고 있는데, 어떤 친구가 컨닝을 하자고 제안해 왔습니다. 순간, 만약 선생님께 걸렸을 때의 위험 상황에 대해 생각하였습니다. 더 나아가 공부를 제대로 하지 않고, 컨닝을 해서 좋은 점수를 얻는 것의 최종 결과에 대해 예측해 보았습니다. 그리고 최종적으로 컨닝은 내게 도움이 되지 않는다는 결론을 내렸습니다.

연습 활동

1 인터넷 공간에서 익명성 보호 대(對) 실명제에 대한 자신의 생각을 말해 보세요.

2 대인관계에 어려움을 겪고 있는 친구가 자퇴를 생각하고 있습니다. 여러분의 생각은 무엇입니까? 그 이유에 대해서 설명해 보세요.

3 꼭 사고 싶은 물건이 있다고 가정해 보세요. 이와 관련하여 방학 동안 아르바이트를 해야 할지, 밀린 공부를 해야 할지 고민하고 있습니다. 이 상황에 대한 자신의 선택은 무엇인지를 결정하고 그 이유를 설명해 보세요.

4 학교에서 따돌림을 당하고 있는 친구가 있습니다. 그 친구는 가정 형편이 매우 좋지 않고 성격이 지나치게 내성적이지만 심성은 고운 아이입니다. 오늘 아침에도 특별한 이유없이 주변 친구들이 그 친구를 놀렸습니다. 이 상황에 대한 자신의 생각과 선택은 무엇일지 이야기해 보세요.

5 부모님은 공부에 대한 기대가 매우 높습니다. 학교에서 돌아오자마자, 또 다시 '숙제해라', '학원가라' 하십니다. 잔소리가 지속되다보니, 마치 공부하는 기계가 되어버린 것 같고, 불쑥불쑥 화가 나고 짜증이 납니다. 점차 반항심도 많아지고 가끔은 가출해버리고 싶은 충동도 생깁니다. 이것이 자신의 일이라면 이 상황을 어떻게 다루어 나갈지 이야기 해 보세요.

4) critical thinking

(1) 비판적 성향을 자극하기(Paul의 개념화에 기초)

- **지적 겸손**

  자기중심성과 지적 한계를 인정하는 자세입니다.

- **지적 용기**

  의견, 신념, 관점에 정당하게 대응하고 평가하려는 마음가짐을 말합니다.

- **지적 감정 이입**

  타인을 이해하기 위하여 타인의 입장이 되어 보려는 필요성을 인식하는 것을 말합니다. 공감과도 유사합니다.

- **지적 통합성**

  사고에 거짓됨이 없고, 지적 기준과 일관성을 지니며, 엄격한 기준을 자타에게 공히 적용하는 것을 말합니다.

- **지적 인내**

  난관이나 좌절에도 불구하고 지적 통찰과 진리를 추구하려는 자세를 말합니다.

- **이성 중시**

  합리성에 의하여 자신과 인류의 이익이 추구될 수 있다고 믿는 것을 말합니다.

- **정의로움**

  자신과 자신이 속한 집단의 이익이나 관심에 좌우되지 않고 동일한 지적 기준을 적용하는 마음가짐을 말합니다.

(2) 비판적 사고를 자극하기(KEDI의 개념화에 기초)

- 사실과 의견을 구분하기
- 타당하고 충분한 근거를 들어 의견을 주장하고 평가하기
- 다양한 정보원의 신뢰성을 비교 분석하고, 보다 신뢰로운 정보를 선택하기
- 한 문제를 다양한 관점에서 고찰하기
- 주장이나 진술에 개재된 편견을 탐지하기
- 어떤 진술에 내포된 의미와 가정을 확인하기
- 문제의 본질에 적합한 평가의 준거를 사용하기

이제 비판적 사고 활동을 촉진시킬 수 있는 연습을 해 보겠습니다.

(3) 비판적 사고 실습

사실과 의견을 구분하기

- 사실

객관적, 주관적 증거에 의하여 진술 자체의 '진(眞)'이 뒷받침되어야 합니다.

- 의견

사실적 증거나 근거에 의하여 검증되지 않는 자신의 주관적 신념, 판단, 가치 체계 또는 사실에 대한 해석입니다.

다음에 제시된 진술들을 살펴보고 사실이면 '사', 의견이면 '의'로 표시하세요.

_____ 1 사계절은 봄, 여름, 가을, 겨울로 구성되어 있다.

_____ 2 사계절 중 가을이 가장 아름다운 계절이다.

_____ 3 민혁이네 가족은 매주 일요일 아침이면 함께 등산을 한다.

_____ 4 민혁이네 가족은 건강한 생활을 하며 화목하다.

_____ 5 희수는 친구들에게 거친 말을 사용해서 싸움이 자주 일어난다.

_____ 6 희수는 공격적이고 무례한 학생이다.

_____ 7 고려의 건국과 더불어 언어의 중심지는 개성이 되었다.

_____ 8 근대 국어는 보통 임진왜란 직후인 17세기 초부터 19세기 말까지의 국어를 말한다.

_____ 9 텔레비전 광고는 말과 소리, 영상 등으로 구성된 복합적인 언어다.

_____ 10 장시간 텔레비전을 보는 것은 심신의 건강에 부정적 영향을 미친다.

타당하고 충분한 근거 제시 및 평가

- 타당하고 충분한 근거를 들어 의견을 주장하고 평가하기

타당한 근거를 사용한다는 것은 제시된 의견에 적합하고 이를 잘 설명할 수 있는 신뢰로운 정보를 활용하는 것을 의미합니다.

- 논리적 오류의 종류

① 인신공격의 오류 : 다른 의견을 갖고 있는 상대방을 공격함으로써 자기나 상대방의 주장을 정당화 혹은 부당화시키려는 오류

> 너는 공부를 못하니까 친구가 없는 게 당연해.

② 권위에의 호소 : 자신의 주장을 정당화시키기 위해서 권위나 존경의 감정에 호소하는 오류

> 선생님께서 그렇게 하면 된다고 했으니까 내 말이 맞아.

③ 다수에의 호소 : 많은 사람들이 그렇게 믿는다는 것을 근거로 자신의 의견을 정당화하려는 오류

> 우리반 애들 모두가 너를 의심하는 걸로 봐서 네가 범인임에 틀림없어.

④ 연민에의 호소 : 감정적인 언어나 동정심을 유발하는 행동 등을 통하여 연민을 느끼도록 함으로써 자기 주장을 받아들이도록 하는 것

> 전쟁 후유증으로 지금까지 고통을 받고 있는 이들을 위해서라도 반공 의식을 투철히 해야 한다.

⑤ **무지에의 호소** : 어떤 주장의 내용이 거짓임을 증명해 내지 못하였다는 이유만으로 그 것을 참인 것으로 받아들이도록 하는 오류

> 당신이 그 주장에 대한 뚜렷한 증거를 댈 수 없으니까 우리측 주장이 맞다.

⑥ **논점 변경의 오류** : 본질적인 근거를 대지 못하고 논점을 변경함으로써 본래의 목적에 도달한 것처럼 보이려는 오류

> 반드시 신은 존재합니다. 선과 악이 공존하는 이 세상에 정의롭고 참다운 신이 없다면 앞으로 이 세상이 어떻게 되겠습니까?

⑦ **선결 문제 요구의 오류** : 논거를 임의로 가정하여 마치 자명의 진리와 같이 전제하는 것

> 넌 그 친구를 얼마나 좋아하니?

⑧ **흑백 논리의 오류** : 두 개 이상의 대안이 있는데도 오직 이것 아니면 저것이라는 선택만이 있는 것처럼 가정하는 오류

> 대학 진학에 성공하지 못하면 내 인생은 실패다.

⑨ **증거의 생략을 통한 왜곡** : 특정 주장을 뒷받침하는 증거만을 취하고, 반증이 있음에도 이를 무시, 축소하여 다른 가능성을 배제하려는 오류

> 인터넷은 아동, 청소년의 건전한 사회성 발달을 저해한다.

⑩ **정형화의 오류** : 논리적이고 체계적인 사고를 거치지 않고, 일반적이고 상식적인 통념으로 어떤 대상을 규정하는 오류

폭주족은 불량하고 가정교육이 제대로 되지 않은 애들이다.

⑪ **병존, 즉 인과의 오류** : 어떤 현상이 우연히 혹은 반드시 서로 전후하여 나타나는 경우, 그들 간에 필연적인 인과관계가 있는 것으로 규정하는 오류

아침을 먹지 않고 시험을 치를 때마다 좋은 점수가 나온 것으로 봐서, 시험이 있는 날은 아침을 먹지 않는 것이 좋아.

⑫ **인과의 상호작용 간과의 오류** : 두 사건 혹은 현상이 하나가 다른 하나의 일방적인 원인 혹은 결과가 아니라 서로 영향을 미치는 경우, 이를 한쪽만의 인과관계로 잘못 파악하는 오류

네가 먼저 욕을 했으니까 나도 욕을 할 수밖에 없다.

다음에 제시된 진술들을 살펴보고 어떤 오류를 범하고 있는지 구분해 보세요.

오류의 유형

- 인신 공격의 오류
- 권위에의 호소
- 다수에의 호소
- 연민에의 호소
- 무지에의 호소
- 논점 변경의 오류
- 선결 문제 요구의 오류
- 흑백 논리의 오류
- 증거의 생략을 통한 왜곡
- 정형화의 오류
- 병존, 즉 인과의 오류
- 인과의 상호작용 간과의 오류

1 선조들께서 근면만이 성공의 비결이라고 하셨으니, 성실하지 않으면 성공하지 못한다.

2 국회의원 선거 때마다 부정부패가 난무하니, 우리나라 정치와 시민 의식은 아직 후진국 수준이다.

3 자살 사이트, 음란 사이트 등 불건전한 정보의 근원인 인터넷은 사회악의 하나다.

4 공교육이 실패하였기 때문에 사교육에 대한 중요성이 강조되고 있다.

5 현재 우리나라에 팽배하고 있는 집단이기주의의 대표적인 사례는 무엇인가?

6 노사 분규는 국가 경제의 발전을 저해한다.

7 지난 테러의 참상을 생각하다면, 이번 전쟁에서 반드시 승리해야 한다.

8 가정에 문제가 많은 사람은 교육자로서의 역할을 잘 수행할 수 없다.

9 이렇게 많은 사람들이 집회에 참석한 것으로 봐서, 그 주장은 정당성을 갖고 있는 것임에 틀림없다.

10 저 책은 전문적이고 과학적인 내용을 다루고 있기 때문에 수준이 높다고 할 수 있다.

다양한 정보원의 신뢰성 비교 분석

■ 다양한 정보원의 신뢰성을 비교 분석하고 보다 신뢰로운 정보를 선택하기

어떤 문제에 대한 정보를 구하거나 혹은 특정 정보의 타당성을 올바르게 비판하기 위해서는 정보원의 다양성과 각각의 특성을 정확히 인식하여야 합니다. 또한 정보의 신뢰성에 대한 기존의 고정관념에서 탈피하여, 정보원의 신뢰성은 문제의 성격에 따라 달라지는 것임을 아는 것이 비판적 사고의 핵심적 요소라 할 수 있습니다.

다음에 제시된 각각의 주제에 대하여 가장 신뢰로운 정보라고 생각되는 것을 고르세요. 그리고 그 이유에 대해서 말해 보세요.

1 독도 문제의 원인 조사

① 역사적 사실과 실증 자료

② 독도 문제를 다룬 다큐멘터리

③ 전세계인들의 의견 조사

2 청소년의 친구관계 특징

① 청소년기 자녀를 둔 부모를 대상으로 한 인터뷰

② 청소년 드라마와 소설 분석

③ 표집된 학생과 선생님들을 대상으로 한 설문 조사

3 청소년기 부모-자녀관계

① 관련 연구 문헌의 검토

② 성당에 모인 학생과 부모님을 대상으로 한 설문 조사

③ 비행 문제를 갖고 있는 학생의 가정환경 조사

4 고등학생들의 또래관계 문제

① 교장 선생님들에 대한 인터뷰

② 각 반 담임 선생님들의 관찰

③ 학생들 각각의 의견을 조사할 수 있는 비밀 투표 및 면담

5 청소년 우울증 실태

① 학생들의 일기에 기록된 내용

② 우울증에 대한 특별기획 TV 방송

③ 학생들과 부모님을 대상으로 한 설문 조사

6 청소년의 성적(性的) 관심

① 성적 농담을 하는 빈도

② 서적, 인터넷에서 음란 사이트에 접촉한 횟수

③ 외모에 신경을 쓰는 정도

7 매력적인 사람의 특징

① 친구의 수

② 학교 성적

③ '매력적'이라고 생각되는 특성에 대한 기술(예 : 믿을 수 있는, 멋진, 아름다운)

8 광주민주화운동의 실상

① 당시 신문 기사의 내용

② 진압 작전 사령관의 회고록

③ 실상을 겪은 대다수 시민의 사건 일화와 사진첩

9 질병 발생률 조사

① 종합병원에 입원한 환자들의 수 조사

② 특정 지역에 사는 주민들에게 발생한 질병의 종류 조사

③ 보건복지부에서 이루어진 10년간의 역학 조사

10 결혼 만족도

① 부부를 대상으로 한 설문 조사와 인터뷰

② 함께 사는 가족 및 시부모님들의 관찰 내용

③ 결혼 주선 업체들의 자체 조사서

문제를 다양한 관점에서 조망하기

이는 한 문제를 여러 관점에서 다양하게 조망하면서 문제의 본질 및 성격을 올바르게 파악하고 가장 합리적인 해결 방안을 모색하는 사고 활동입니다. 경직되고 고정적인 관점이나 이해관계를 떠나서, 합리적이고도 냉철한 마음으로 중립성을 견지함으로써 상호 이해와 절충을 통한 원만한 문제해결을 도모하는 사고 활동입니다.

다음의 문제 상황에 대해 각각의 이해관계를 분석하고 효과적인 해결책을 제시해 보세요.

1 공동 주택인 아파트에서 애완견을 키우는 집이 늘면서 소음 및 배설물 관리의 문제가 점차 대두되고 있다.

- 애완견을 키우는 가정의 입장

- 애완견을 키우지 않는 가정의 입장

- 애완견을 좋아하는 아이들의 입장

- 아파트 관리원의 입장

- 애완견 판매숍의 입장

⇨ **효과적인 문제 해결안**

2 학교 내 집단 따돌림 문제가 심각해지고 있다. 청소년 자살률 증가에도 기여하고 있어서 심각한 사회 문제가 되고 있다.

- 따돌림당하는 학생과 부모님의 입장
- 따돌림을 주도하는 학생과 부모님의 입장
- 담임 선생님의 입장
- 교장 선생님의 입장
- 교육부의 입장
- 사법부의 입장
- 학계의 입장

⇨ **효과적인 문제 해결안**

3 학생들의 인터넷 게임 사용이 점차 증가하면서 심한 경우 '중독' 수준에 이르고 있다.

- 인터넷 게임을 취미 활동으로 즐기는 학생들의 입장

- 중독 수준에 이르러 학교 생활, 친구관계, 가정 생활에 모두 문제가 있는 학생들의 입장

- 부모님들의 입장

- 선생님들의 입장

- 게임 CD 개발자들의 입장

- 학계의 입장

- 교육계의 입장

⇨ **효과적인 문제 해결안**

주장이나 진술에 개재된 편견을 탐지하기

편견은 주로 사회적으로 학습되는 것으로, 개인이나 집단에 대한 감정적이고 평가적인 판단의 결과로서 객관적인 증거, 근거, 사실 등에 의하여 뒷받침될 수 없는 옳지 않은 신념이라 할 수 있습니다.

편견에는 과장, 편벽, 불공정성, 지나친 일반화, 사회적 고정관념, 종교적 신념, 개인적 기호, 징크스 등이 포함됩니다.

다음에 제시된 진술을 보고 편견이라 할 수 있는 것을 찾아 보세요.

1 북한의 여성이 더 예쁘다.
2 남아는 신체 발달이 빠르고, 여아는 언어 발달이 빠르다.
3 서구인의 마스크가 동양인보다 훨씬 아름답다.
4 교육은 잠재력을 발현시키는 데 기여한다.
5 다양한 매체를 활용한 교육의 효과가 더 높다.
6 직업을 갖고 있는 여성은 육아에 신경을 쓰기 어렵다.
7 일본 사람들은 예의가 바르다.
8 정치인들은 기본적으로 처세에 능하다.
9 얼굴이 예쁘면 마음도 곱다.
10 하나를 보면 열을 안다.
11 가난은 불편을 의미한다.
12 장애인들은 정상적인 생활을 하기 힘들다.
13 수학은 남자가 더 잘한다.
14 시험 날 미역국을 먹으면 안 된다.
15 범인은 대체로 험악하게 생겼다.

어떤 진술에 내포된 의미와 가정을 확인하기

글이나 일상적인 대화 속에서 흔히 가정이나 결론이 생략되는 경우가 있는데, 이는 맥락상 충분히 추론이 가능하다고 보기 때문이기도 하고, 특정 목적을 달성하기 위해 의도적으로 드러내지 않기 때문이기도 합니다. 또한 표명된 의미와는 다른 의미를 가지고 있을 수도 있고, 그것이 더 중요한 경우도 있을 수 있습니다.

따라서 어떤 진술 혹은 주장에 대해 올바른 평가를 내리기 위해서는 숨겨진 의미와 가정을 예리하게 포착해 내야 합니다.

다음에 제시된 상황과 진술을 보고 숨겨진 의미와 가정을 추론해 보세요.

1 "이번에 출시된 이 차는 대한민국 상위 2%를 위한 차입니다!"

내포하고 있는 의미와 가정 : ______________________________

2 (창문을 열고) "봄이 오나 봐."

내포하고 있는 의미와 가정 : ______________________________

3 (중요한 시험에 연속해서 실패한 친구가) "우습군!"

내포하고 있는 의미와 가정 : ______________________________

4 (늦도록 놀다온 자녀에게) "잘 한다.~"

내포하고 있는 의미와 가정 : ______________________________

5 "이제 비로소 남북 분단의 원인에 대해 논할 때다."

내포하고 있는 의미와 가정 : ______________________________

6 "긴 침묵 속에 잠자고 있던 역사의 진실을 찾자."

내포하고 있는 의미와 가정 : ______________________________

7 "언론이 진실을 만든다."

내포하고 있는 의미와 가정 :

8 (승민이는 스스로를 내동댕이치며) 부모의 가슴을 후벼팠다.

내포하고 있는 의미와 가정 :

9 형만한 아우가 없다.

내포하고 있는 의미와 가정 :

10 내 속엔 내가 이길 수 없는 슬픔, 무성한 가시나무숲 같네. 바람만 불면 그 메마른 가지 서로 부대끼며 울어대고, 쉴 곳을 찾아 지쳐 날아온 어린 새들도 가시에 찔려 날아가고…

–하덕규 작사·곡 '가시나무' 중에서–

내포하고 있는 의미와 가정 :

문제의 본질에 적합한 평가의 준거를 사용하기

평가 준거의 우수성을 검토하는 데 필요한 가장 중요한 특성은 '타당성'입니다. 즉, 준거가 문제 자체의 목적에 부합하는지의 여부를 세심하게 살펴보아야 합니다.

'훌륭한 선생님이다.'라는 평가에 적절한 준거가 아닌 것은?
① 성실하고 학생들에게 책임감을 보인다.
② 수업할 때 열정적이며 최선을 다한다.
③ 외모가 준수하고 목소리가 멋있다.

다음에 제시된 진술을 보고 가장 적절한 평가의 준거를 찾으세요.

1 선희는 모범적인 학생이다.
① 성적이 우수하고, 특히 과학적 능력이 뛰어나다.
② 선생님 말씀을 잘 따르며, 심부름을 잘한다.
③ 학업에 최선을 다하고, 우정어린 친구관계를 맺는다.

2 효과적으로 진로를 결정하기
① 부모님의 권유를 우선적으로 고려한다.
② 성적이 잘 나오는 쪽으로 결정한다.
③ 적성과 흥미도를 고려한다.

3 좋은 대학의 결정 요소
① 이름이 알려져 있고 점수가 높은 학생들이 많이 가는 곳
② 등록금이 저렴하고 시설이 우수하며, 복지 후생이 잘 되어 있는 곳
③ 선진 교육, 전문 교육, 연구 지원 등 활발한 교육과 연구가 이루어질 수 있는 곳

4 성격 특성

① 외모, 옷차림이 개성 있는 정도

② 학업 성적, 재능, 능력의 수준

③ 성향과 특징에 관한 전반적인 인상과 기술

5 학교 교육의 필요성

① 가정 교육의 한계와 실패

② 교양, 인격, 지식 및 사회성의 토대 마련

③ 국가 발전을 위한 인재 육성

6 심리학은 과학이며, 예술이다.

① 대학에서 배우며, 인간을 대상으로 한다.

② 과학이나 예술적 재능이 풍부한 사람은 심리학을 잘한다.

③ 과학적인 방법과 직관적이고 예술적인 감각이 심리학 연구와 응용에 요구된다.

7 좋은 친구란?

① 부자이고 인심이 좋아서 돈을 잘 쓰는 친구

② 성격 좋고 함께 있으면 즐겁고 편안한 친구

③ 뭐든지 시키는 대로 다 해 주고 들어주는 친구

8 효과적인 대화의 수단

① 관심을 끄는 주제와 화려한 화술

② 내용뿐 아니라 목소리의 높낮이, 강도, 강세, 속도, 크기

③ 상냥함과 예의바른 태도

9 교내 청소 당번을 정하는 다양한 준거를 제시해 보고, 그중 가장 적합한 준거를 결정하고 그 이유를 설명해 보세요.

10 '행복을 위한 조건'에 관한 다양한 준거를 제시해 보고, 자신에게 가장 중요한 순서대로 이야기해 보세요.

3. 언어적 추론능력 향상

1) 70가지 속담 추론

속담을 이해하고 풀이하기 위해서는 언어적 이해력뿐 아니라 비유, 상징을 이해하는 능력, 추상적 사고력 및 언어적 추론능력을 필요로 합니다. 또한 속담은 일종의 관용구로서 어떤 맥락에서 어떻게 사용될 때 적절한 것인지 이해하는 것도 중요합니다.

앞으로 제시될 속담 목록을 살펴보면서 그 속담 안에 담긴 의미와 전달하고자 하는 메시지를 생각해 보세요. 그리고 일상생활과 관련지어 보며, 어떤 상황에서 그 속담을 사용하면 좋을지 이야기해 보세요.

겨울이 지나지 않고 어찌 봄이 오랴.

[의미]

1) 모든 일에는 순서가 있으니 급하다고 억지로 할 수 없다는 의미

2) 고생 끝에 낙이 온다.

[적용]

중학생인데 벌써부터 대학생이 되고 싶다고 안달이 난 동생을 볼 때

2) 속담 추론 실습

1 가까운 길 마다하고 먼 길로 간다.

의미 :

적용 :

2 가까운 남이 먼 일가보다 낫다.

의미 :

적용 :

3 가는 정이 있어야 오는 정이 있다.

의미 :

적용 :

4 가다 말면 안 가느니만 못하다.

의미 :

적용 :

5 가랑비에 옷 젖는 줄 모른다.

의미 :

적용 :

6 가랑잎이 솔잎더러 바스락거린다고 한다.

의미 :

적용 :

7 가을 부채는 시세가 없다.

의미 :

적용 :

8 고래 싸움에 새우 등 터진다.

의미 :

적용 :

9 고생 끝에 낙이 온다.

의미 :

적용 :

10 굼벵이도 구르는 재주가 있다.

의미 :

적용 :

11 나는 새도 떨어뜨린다.

의미 :

적용 :

12 낙숫물이 댓돌 뚫는다.

의미 :

적용 :

13 남의 장에 가면서 거름 지고 따라간다.

의미 :

적용 :

14 낫 놓고 기역자도 모른다.

의미 :

적용 :

15 내 코가 석자다.

의미 :

적용 :

16 누워서 떡 먹기.

의미 :

적용 :

17 눈엣 가시다.

의미 :

적용 :

18 누울 자릴 보고 다리를 뻗는다.

의미 :

적용 :

19 눈 가리고 아웅 한다.

의미 :

적용 :

20 늦게 배운 도둑질에 날 새는 줄 모른다.

의미 :

적용 :

21 달걀로 바위 치기.

의미 :

적용 :

22 닭 소 보듯 소 닭 보듯.

의미 :

적용 :

23 닭 잡아먹고 오리발 내민다.

의미 :

적용 :

24 독 안에 든 쥐.

의미 :

적용 :

25 돌다리도 두드려 보고 건너라.

의미 :

적용 :

26 등잔 밑이 어둡다.

의미 :

적용 :

27 뚝배기보다 장맛.

의미 :

적용 :

29 바늘도둑이 소도둑 된다.

의미 :

적용 :

30 바늘방석에 앉은 것 같다.

의미 :

적용 :

31 봄눈 녹듯 한다.

의미 :

적용 :

32 비를 드니까 마당을 쓸라 한다.

의미 :

적용 :

33 백짓장도 맞들면 낫다.

의미 :

적용 :

34 배보다 배꼽이 더 크다.

의미 :

적용 :

35 비 온 뒤에 땅이 굳어진다.

의미 :

적용 :

36 뿌리 깊은 나무가 가뭄을 안 탄다.

의미 :

적용 :

37 사서 고생한다.

의미 :

적용 :

38 서당개 삼 년이면 풍월을 읊는다.

의미 :

적용 :

39 선무당이 사람 잡는다.

의미 :

적용 :

40 새 발의 피.

의미 :

적용 :

41 쇠뿔도 단김에 빼라.

의미 :

적용 :

42 산 넘어 산이다.

의미 :

적용 :

43 실 가는 데 바늘 간다.

의미 :

적용 :

44 십 년이면 강산도 변한다.

의미 :

적용 :

45 아니 땐 굴뚝에 연기 나랴.

의미 :

적용 :

46 아닌 밤중에 홍두깨.

의미 :

적용 :

47 앓던 이가 빠진 것 같다.

의미 :

적용 :

48 열 번 찍어 안 넘어가는 나무 없다.

의미 :

적용 :

49 오르지 못할 나무는 쳐다보지도 마라.

의미 :

적용 :

50 옥에도 티가 있다.

의미 :

적용 :

51 개구리 올챙이적 생각 못한다.

의미 :

적용 :

52 우물가에서 숭늉 찾는다.

의미 :

적용 :

53 원수는 외나무다리에서 만난다.

의미 :

적용 :

54 원숭이도 나무에서 떨어질 때가 있다.

의미 :

적용 :

55 자라 보고 놀란 가슴, 솥뚜껑 보고도 놀란다.

의미 :

적용 :

56 작은 고추가 맵다.

의미 :

적용 :

57 젊어서 고생은 사서도 한다.

의미 :

적용 :

58 쥐구멍에도 볕들 날이 있다.

의미 :

적용 :

59 지렁이도 밟으면 꿈틀거린다.

의미 :

적용 :

60 찬물도 위아래가 있다.

의미 :

적용 :

61 천리 길도 한 걸음부터.

의미 :

적용 :

62 첫술에 배부르랴.

의미 :

적용 :

63 콩 심은 데 콩 나고 팥 심은 데 팥 난다.

의미 :

적용 :

64 두 마리 토끼를 잡으려다 한 마리도 못 잡는다.

의미 :

적용 :

65 티끌 모아 태산.

의미 :

적용 :

66 팔은 안으로 굽는다.

의미 :

적용 :

67 하나를 보면 열을 안다.

의미 :

적용 :

68 하룻강아지 범 무서운 줄 모른다.

의미 :

적용 :

69 한 귀로 듣고 한 귀로 흘린다.

의미 :

적용 :

70 화가 복이 된다.

의미 :

적용 :

저자약력

■ 최정원

성심여자대학교 심리학과 학사
가톨릭대학교 대학원 심리학과 석사
가톨릭대학교 대학원 심리학과 박사과정
가톨릭대학교 학생생활상담소 상담 및 임상 인턴과정 수료
계요병원 신경정신과 임상심리전문가 수련
중앙 길병원 신경정신과 임상심리전문가 수련
한국발달심리연구소 연구원
한림인지학습연구원 임상심리전문가
(현) 임상심리연구소 학습과 사랑 대표

[저서 및 논문]
학습효율성증진 프로그램(한국발달심리연구소, 2003)
학습기술개입에 관한 개관(학생생활상담, 2002)외

■ 이영호

서울대학교 심리학과 학사
서울대학교 대학원 심리학과 석사
서울대학교 대학원 심리학과 박사
서울대학교병원 신경정신과 임상심리전문가 수련
임상심리전문가
정신보건임상심리사 1급
한국임상심리학회 회장 역임
(현) 가톨릭대학교 사회과학부 교수

[저서 및 논문]
K-WAIS 실시요강(공저, 한국가이던스, 1992)
심리학-인간의 이해(공저, 학지사, 1996)
임상심리학입문(역서, 학지사, 2001)외 다수

학생용 워크북

학습치료 프로그램
사고력 향상 전략 ⑤

2006년 8월 30일 1판 1쇄 발행
2021년 2월 25일 1판 7쇄 발행

지은이 • 최정원 · 이영호
펴낸이 • 김 진 환
펴낸곳 • (주) 학지사
04031 서울특별시 마포구 양화로 15길 20 마인드월드빌딩 5층
대표전화 • 02) 330-5114 팩스 • 02) 324-2345
등록번호 • 제313-2006-000265호
홈페이지 • http://www.hakjisa.co.kr
페이스북 • https://www.facebook.com/hakjisabook

ISBN 978-89-5891-355-9 94370
978-89-5891-350-9 (set)

정가 6,000원

저자와의 협약으로 인지는 생략합니다.
파본은 구입처에서 교환하여 드립니다.

학습치료 프로그램 시리즈

[학생용 워크북] 학습동기 향상 전략 ①

갑 6,000원

학습동기 향상 전략은 학습에 필요한 마음과 동기를 증진시키는 것을 통해 학업수행능력을 향상시키는 것을 목표로 한다. 목표 및 가치의 인식, 학습동기를 위한 실천 방안, 자기 이해의 장으로 구성되어 있다.

[학생용 워크북] 주의집중력 향상 전략 ②

갑 6,000원

주의집중력 향상 전략은 주의집중 문제의 평가, 집중을 어렵게 하는 요인들의 탐색, 주의집중력 향상을 위한 실천 계획 및 전략 훈련을 통해 주의집중력을 향상시키는 것을 목표로 한다.

[학생용 워크북] 기억력 향상 전략 ③

갑 6,000원

기억력 향상 전략은 효과적인 기억 방법을 통해 학습 내용을 보다 잘 이해하고 기억할 뿐 아니라, 학습에 필요한 일반적인 사고능력을 향상시키는 것을 목표로 한다. 주요 내용은 학습 준비와 기억 전략 실습으로 구성되어 있다.

[학생용 워크북] 효과적인 읽기 및 필기 전략 ④

갑 6,000원

효과적인 읽기 및 필기 전략은 읽기를 위한 준비활동과 핵심 찾기, SQRW를 포함하는 읽기 및 필기 전략 훈련을 통해 학습 내용에 대한 이해와 깊이를 더하고 기억 및 조직화 능력을 향상시키는 것을 목표로 한다.

[학생용 워크북] 사고력 향상 전략 ⑤

갑 6,000원

사고력 향상 전략은 생각의 폭과 깊이를 더해 줌으로써 학습능력과 일반적인 문제해결능력을 향상시키는 것을 목표로 한다. 사고력의 개념 이해, 창의적 · 논리적 · 비판적 사고를 증진시키기 위한 전략 및 언어적 추론능력 향상으로 구성되어 있다.

[학생용 워크북] 효과적인 외국어 학습 전략 및 수학적 문제해결 전략 ⑥

갑 6,000원

외국어 학습 전략의 목표는 학습 내용을 이해, 저장 및 기억하는 데 필요한 효과적인 학습 방법을 통해 외국어 학습능력의 발달을 돕고자 하는 것이다. 주요 내용은 외국어 학습 전략 살펴보기, 효과적인 외국어 학습 전략의 실제로 구성되어 있다. 수학적 문제해결 전략은 자기 점검 활동과 단계적인 문제해결을 향상시키는 것에 초점을 맞추었으며, 수학적 태도 점검 및 수학능력 향상을 위한 실천 원리, 논리적 · 탐구적 활동을 통해 수학과 친해지기, 초인지적 수학능력 향상을 위한 ISLAND 전략이 있다.